푸른 용기　　　blue courage　　　김로로

자연의 푸른 부분을 찾아다닌다.
기대고 싶은 안전한 푸른 빛깔을.

목차

프롤로그 ___ 10

긴 정적 ___ 12
분명해지는 마음 ___ 18
펼쳐 내는 사람 ___ 22
높은 마음 ___ 26
새벽의 목소리 ___ 30
계속의 상태 ___ 34
너머의 세계 ___ 40
삶의 물결 ___ 44
출판 전야 ___ 50
빛나는 사람의 삶이 계속 쓰이듯이 ___ 56
자연의 품 ___ 62
이끼의 삶 ___ 66
계절의 끝에서 ___ 70
적막이 주는 위로 ___ 76
우리의 몫 ___ 80
자신의 평화 ___ 84
놓아 버린, 놓쳐 버린 ___ 88
작지만 힘이 있는 것들 ___ 94
천천히 멀어지기 ___ 98
영원히 이해할 수 없다는 것 ___ 102
푸른 빛깔 ___ 108

에필로그 ___ 114

프롤로그

내가 보고 있는 것들을 글로 적는다면 뭐라고 설명할 수 있을까. 어느 한 부분도 그냥 칠해진 것이라고는 생각되지 않을 만큼 아름답지 않은 구석이 없었다. 존재하는 모든 시작과 끝, 그 사이사이마다 눈부신 푸른빛이 물들어 있었고 둔탁한 파랑이 아닌 곱고 고운 파랑으로, 초록의 푸름으로, 군데군데 하늘색 물감을 한 방울씩 떨어뜨려 놓은 것처럼 부드러운 색이 연하게 입혀져 있었다. 푸름이 물든 동시에 아프게 맑아지는 순간. 내가 늘 주춤거리는 이유, 뜨거워지고 멍해지는 이유, 주어진 생을 잘 살아 내고 싶어지는 이유다.

가끔 사람이 미워져서 계절에 기댈 때, 침묵 속에 걸을 때, 바깥의 낮과 밤이 지겨워지고 창문을 열면 들어오는 얕은 바람이 싱거워질 때, 이제는 집조차 내 마음이 숨을 장소가 아니게 된 것 같을 때. 그럴 때면 눈을 감고 긴 정적 속에 소란한 마음을 내던진다. 그러면 세상은 훨씬 더 깊어진다. 네 번의 계절 동안 푸름에 기대어 숨겨 놓았던 마음을 다시 들춰 본다. 흐릿해 보이는 옷을 하나씩 껴입고, 침묵으로 허리를 굽히며, 기록으로 지난한 일상을 지키는, 과거는 존재했지만 이제는 영원히 없는 비현실의 세계에 대해서, 희미해진 어제를 되살리는 용기에 대해서.

긴 정적

파도가 치는 푸름의 뒤편, 경계를 이루는 수평선 너머로 애정 어린 시선이 오래 머문다. 곧 긴 정적이 이어진다. 나는 오히려 이런 정적 속에서만 모든 경계가 풀리는 듯한 기분이 든다. 가만히 고개를 들어 유연한 구름을 물끄러미 바라본다. 그 움직임으로부터 한순간도 눈을 뗄 수가 없다. 그곳엔 흘러가는 내 삶이 있다.

가을인지 겨울인지 알 수 없는 기척을 느낀다. 바람으로부터 온다. 뺨에 살짝 닿으며 온다. 그러면 나는 두 손으로 머리를 쓸어내리며 가만히 계절을 만진다. 멀어져서 가까워진, 이윽고 가을이 찾아왔다. 계절의 끝을 생각하면 높은 하늘과 공허한 거리가 떠오른다. 짙은 어둠 속에 끝끝내 소란이 비집고 들어오지 못할 거리가.

분명해지는 마음

보이지 않는 것을 들여다보는 시간만큼은 온전히 맑은 시선이 된다. 보이지 않기에 더욱 선명해지는 마음. 그것에 온전히 마음을 걸어 보고 싶은 날이다. 보이진 않지만 삶이 닿을 수 있는 어딘가. 어디서든 삶과 맞닿아 있는 곳에선 늘 좋은 것들이 만들어진다. 그러니 무엇이든 마음이 더 굽는 쪽으로 향하면 된다. 현실에 억눌려 일상에서 마주하는 모든 것들을 쉽게 지나쳐 버릴 때, 앞으로도 많은 날들을 무모한 채 잠에 들겠지만, 시간 안에 깊이 파고들 수 있는 마음이 아직 남아 있기에. 세상에서 나를 가장 깊이 알고 기꺼이 안아 줄 수 있는 사람은 나뿐이라서. 사랑하는 것들을 밀어내지 않고 삶을 그대로 흘려보낼 수 있도록, 분명한 마음 하나만으로도 똑바로 서 있을 수 있는 사람이 되고 싶다. 결국엔 모든 것이 계획대로 되지 않겠지만, 언제나 그것이 삶의 묘미니까. 그 끝에 느껴지는 건 분명해지는 마음이다.

펼쳐 내는 사람

내 글을 읽으면 어쩐지 위안이 된다는 사람들을 대할 때 내가 더 위로받는 이유는 다음이 있기 때문이다. 그리고 그다음이 무엇이 될지 상상하는 자유가 있기 때문이다. 마음을 전하는 눈을 가만히 바라보고 있자면 나도 단 한 번 누군가의 천사가 되어 수많은 평안을 어렵지 않게 선물할 수 있을 것만 같은 기분이 든다. 세상이 말하는 조건이나 기준을 떠나 이제는 확실히 알겠다. 나를 살아가게 하는 것은 꾸밈없이 단순한 사유 때문이라는 것을. 수많은 이름과 자격을 얻고자 애쓰는 대신 별 뚜렷한 목표 없이 써 내려가는 무심의 순간이 누군가에겐 전부의 시간이 될지도 모른다는 것을. 늘 그렇듯 미래가 어떤 모습이 되든 상관하지 않고, 주어진 삶을 의젓하게 펼쳐 내는 사람이고 싶다.

높은 마음

대부분이 가진 불안에 대한 오해는 어둡고 쓸쓸하고 외롭고 우울하다는 것이다. 하지만 불안도 날씨나 계절에 따라 부드럽게 달라진다. 비가 오거나 뿌연 안개가 끼면 회색의 것들이 서서히 자신의 존재를 드러내며 물기를 머금는다. 부드러운 겨울잠 같은 느슨한 불안이 찾아온다. 금세 주변의 모든 것들이 촉촉해진다. 세찬 바람이 불어 창문이 흔들리면 내 마음도 따라 흔들린다. 앙상한 나뭇가지들이 하나씩 연두색 옷으로 갈아입을 준비를 하고 있다. 그러면 나도 따라 조금씩 깨어나며 함께 싱그러워진다. 불안은 언제든 여러 가지 모습으로 찾아와 낮은 자세로 몸을 웅크리고 있다. 우리는 그저 낮게 웅크린 불안을 껴안아 줄 수 있는 높은 마음으로 살아가면 된다.

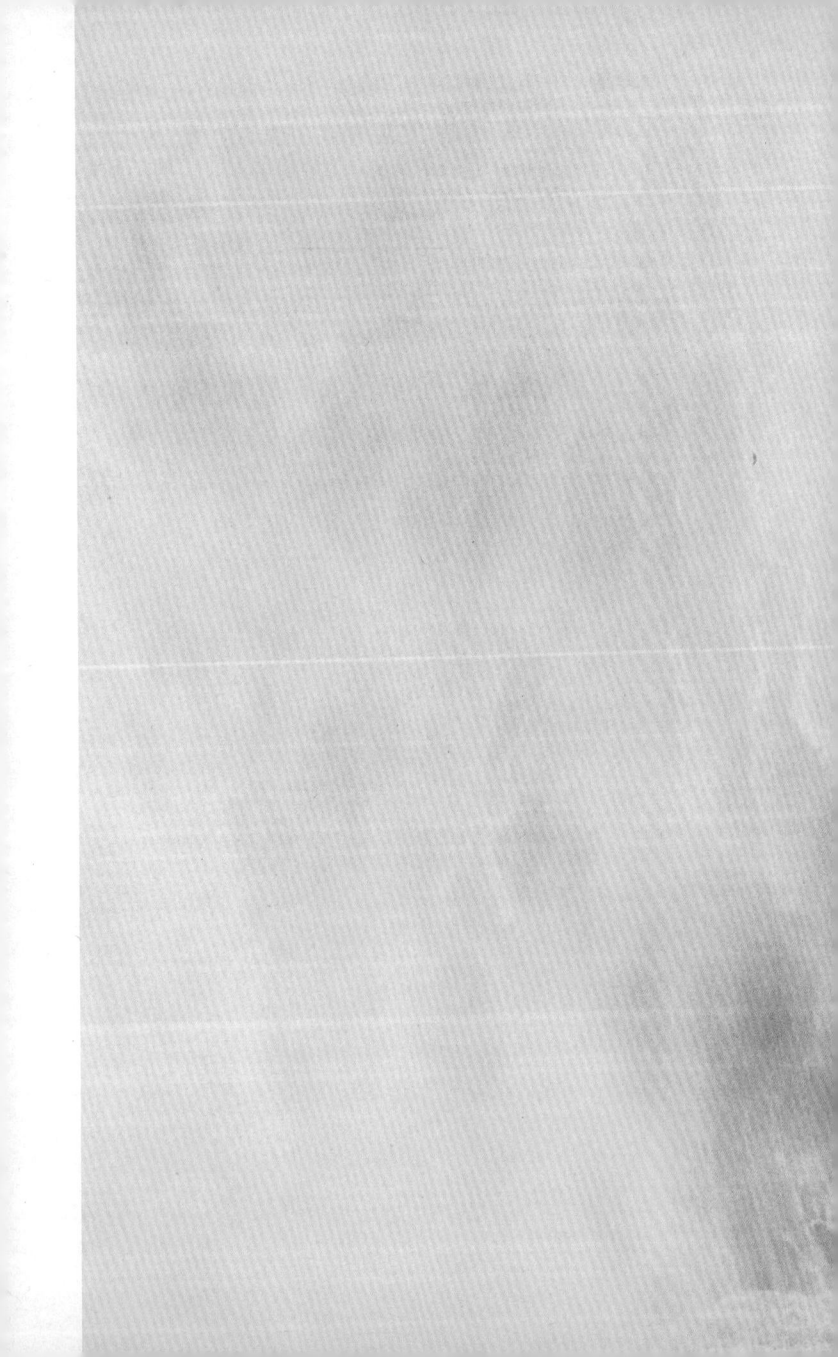

새벽의 목소리

누군가의 기다림에 부응하며 계속 써야 한다고, 그런 글을 쓰는 삶은 멋지지 않아도 차분히 잘 살아가는 삶이어야 한다고. 그렇게 생각하며 깊은 고요 속에서 힘껏 쓰는 일이 나로 하여금 조금 더 숨을 쉴 수 있게 만든다. 잠들 수 없는 날이면 쓰지 못한 몸이 공기 속으로 하염없이 흩어졌다. 마음을 꺼내 놓는 일이 어떻게 가장 가까운 곳을 외면하지 않으면서 동시에 가장 먼 곳을 향할 수 있게 하는가.

계속의 상태

언젠가부터 계속이라는 상태를 진심으로 존경했다. 안 되는 일을 붙잡고 있는 것만큼 머리 아파지는 일이 없었기 때문이다. 무언가를 오랫동안 꾸준히 한다는 것은 어제와 오늘을 증명하고 내일을 믿음으로 굳건하게 하는 일이다. 계속의 상태를 유지하는 사람들을 알고 그들의 이야기를 계속해서 듣고 싶다. 그리고 앞으로 해 낼 것들. 쉼 없이 꿈을 꾸고 움직이는 사람들의 증인으로서 곁에 있고 싶다. 그것이 무엇이든 한 사람의 꾸준함이 담긴 찬란한 것들을 아무런 대가 없이 기대하면서. 누군가의 꿈과 마음을 오래 응원하다 보면 그것이 내 꿈과 맞닿을 때가 있다. 잘되기를 조용히 기도하는 마음. 아직 세상에 나오지 않았지만 앞으로 태어날 수많은 것들을 여전히 기다리고 있다. 어렵지만 해내고 싶은 것들을 붙들고 끝까지 밀어붙여 보는 사람을 계속해서 응원한다.

너머의 세계

끝없는 푸름 속에서 생각나는 한 사람. 세상에서 나를 가장 밑바닥까지 닿게 하면서, 세상에서 가장 높은 사랑을 하게 만드는 사람. 지금껏 인생에서 가장 살아 볼 만한 가치가 있다고 느끼게 하는, 나를 가장 쉽게 행복하게 만들어 주는 사람. 눈앞에 펼쳐진 드넓게 광활한 지평선을 뚫어져라 바라보았다. 서로에게서 영영 도망칠 수 없는 세계. 저 너머엔 가 보지 않으면 알 수 없는 또 다른 세계가 있다. 아이를 키운다는 건 그런 세계를 통과하는 일과 같은 것일까. 이전엔 알 수 없었던 지금의 세계를 지나면서도, 이 시절을 오래도록 그리워할 것이라는 걸 알기에 나는 자주 슬퍼진다. 언젠가 지평선 저 너머로 완전히 사라질 것을 알면서도, 마음껏, 온 마음을 바닥까지 다 꺼내어 사랑을 한다.

삶의 물결

바다의 바깥, 모래에 박힌 돌들에도 삶의 물결이 자리 잡고 있다. 저마다의 모양으로 파도의 흔적들이 새겨져 있다. 물결의 힘으로 세계가 열리는 순간에는 고요한 온기와 생명력이 더해진다. 돌은 그렇게 이 자리에서 제 자리로, 돌고 깎이고 다듬어지고 보살펴진다. 글에는 한 사람의 인생이 그대로 투영되듯이, 남겨진 것들에는 물결의 자리가 선명히 아로새겨진다.

바다의 앞, 무연히 서서 지나간 시간을 되돌아본다. 파도치고 깊어지는 바람과 물결을 느끼며 잔인했던 나의 어제를 투명하게 들여다본다. 줄곧 잔잔하지만 아주 가끔 파도가 치면 그것으로 좋은. 거센 물살이 다가와도 모든 고통과 슬픔을 외면하지 않으며 더 깊고 풍부하게 느끼면서 극복하고 성장하는 삶이 아름다운 삶 아닐까. 고요한 바다가 아름다워 보이는 건 거친 풍랑이 몰아치고 난 이후이기 때문이다. 인생의 파도 앞에서 어려움을 극복해 나가는 삶을 계속해서 이야기하고 싶다.

출판 전야

어떤 곳에서만 꺼내어 볼 수 있는 마음이 있다. 이곳에서의 시간은 강물처럼 어떠한 흔들림도 없이 고요하고 잔잔하게 흐른다. 숨어 있던 단어가 불쑥하고 찾아오는 것 같은 시간을 보낸다. 종종 뒤를 돌아보면 창가에 그윽한 빛이 나의 속내를 훤히 비추고 있고, 매주 같은 시간, 같은 자리에 앉아 잃어버린 마음을 들추곤 했다. 그때마다 들어오는 빛은 한 번도 같았던 적이 없었다.

나도 모르는 나의 감각이 깨워지고 그 낯섦이 내게 재촉한다. 떠오르는 마음들은 문장이 되고 문장은 지난한 인생이 되어 가만히 내게 질문을 던진다. 우리는 다른 무언가가 아니라 그저 우리 자신이 되기를 원할 뿐이라고 헤르만 헤세는 말했다. 적막 속에서 빛이 내는 유일한 소리에 집중하며 내가 되어가는 시간을 걷는다. 지나간 길을 걷다 지칠 때면 잠시 멈춰 서서 음악을 듣는다. 섬처럼 고독이 가득한 공간에 음의 흐름과 한바탕 앉아 있는 일. 그게 이곳 본래의 일인 것만 같다. 마치 영원한 내가 되어 가는, 공간이 내게 주는 위로의 노랫말 같다.

빛나는 사람의 삶이 계속 쓰이듯이

하얀 장면을 하염없이 바라보다 보면 어느새 살랑거리는 커튼 사이로 빛이 들어오고 맑은 새소리가 들려온다. 마치 반쯤은 뭉개져 있는 나를 향해 몸을 펼치도록 일깨워주는 자연의 알람 같다. 세상에 나밖에 없을 것처럼 고요했던 주변이 한 줄기 빛으로 조금씩 생기를 되찾아가는 극적인 순간이 온다. 이 생경한 시간을 수없이 반복하면서, 그 순간이 올 때마다 쓰면서 괴로워지는 게 아니라 살아진다는 감각을 온몸으로 느낄 수 있게 되었다. 주변의 모든 것들은 해가 드는 시간에 밝아 짐으로써 서로가 서로를 비추며 더욱더 빛나게 했다. 환해지는 세상 앞에서 갑자기 드는 생각은 밤을 새웠어도 더 열심히 살아야겠다는 어설프지만 단호한 결심이었다. 어둠 속에서 빛나는 사람의 삶이 계속 쓰이듯이, 빛나지 않아도 충분한 인생을 담담하게 비춰 주는, 그런 쓰임을 다하는 인생을 살아가고 싶다.

자연의 품

언젠가 나의 아이는 겨울에 태어날 것이라는 어떤 초연의 느낌이 있었다. 모든 계절 중 겨울을 앞으로도 가장 사랑할 것이라는 일종의 확신처럼 말이다. 늘 그렇게 단언해 왔다. 내가 겨울에 태어난 것과는 별개로 어렸을 적부터 왠지 모르게 늘 겨울이 기다려졌고, 내 인생의 모든 중요한 일들은 겨울에 일어났다고 해도 과언이 아니었기 때문이다. 이런 내가 여름을 좋아하게 된 건 온전히 아이 덕분이다. 우리는 바람이 선선해질 때쯤 만나게 되었다. 새하얗던 세상이 초록으로 짙어지는 길고 긴 계절이었다. 아이는 여름의 끝자락에 태어나 가을의 시작 앞으로 나를 서둘러 데려다주었고, 그때 나는 푸름의 곁에서 그 찬란한 순환을 느끼며 생기 있게 살아 보자고 다짐했다. 열기 때문에 진을 빼서 조금은 유쾌하지 않은 계절이었던 여름이 지금은 무척이나 기다려진다. 아이가 함께한다는 이유만으로. 함께 살아갈수록 자연의 품이, 여름이라는 계절의 풍요로움이 크게 다가온다.

이끼의 삶

삶으로 이어지는 행복의 조건 같은 것이 있다면, 이 복잡하고 끝없는 세속의 삶에서 이끼처럼 살아가는 모습일 것이다. 이끼의 삶이란 무언가로부터 서서히 스며들어 관계 같은 것은 일절 신경 쓰지 않는 것. 굴곡진 삶의 어느 순간에 가만히 다가와 있는 자연의 이치 같은 사람이 되고 싶다. 행복과는 거리가 멀어도 삶이 이어지는 조건 속에 조용히 속해 있는 사람. 몰라서 줄 수 없는 것 빼고는 모든 마음을 줄 수 있는, 적당히 멀리 있으면서도 최소한의 선의로 가까이에 있는 사람이.

계절의 끝에서

여름을 잘 보내고 있다. 창문으로 찾아온 동네 갈색 고양이, 맞은편 책상 아래 코를 고는 듬직한 하얀 개와 미지근한 바람을 함께 맞으면서. 무언가를 제대로 해 보려고 할 때는 아무것도 먹지 않게 된다. 그렇게 공복으로 무언갈 하염없이 채워 간다. 여름에는 차라리 채우는 것보다 비워야 시원한 구석이 훨씬 더 많은 것 같다. 마음이 무거우니 몸이라도 가벼워야 한다. 여름만 되면 냉장고에 제철 과일을 가득 채워 넣는다. 더위를 이겨 낼 수 있는 유일한 방법은 해마다 여름의 과일을 먹는 것이다. 여름에만 할 수 있는 것들이 많다 보니 그것을 찾아서 하는 것이 이 계절의 은은한 묘미이다. 한낮 더위에 지쳐 종일 아이와 집에서 책을 읽는다. 시원한 망고 빙수를 먹으며 좋아하는 감독의 영화를 보는 저녁을 기다린다. 주말을 기다리는 삶을 살고 있지는 않지만 그래도 가끔은 주말을 기다리고 싶다. 모두가 행복한 시간 속에 나도 함께 끼어 있는 것 같은 기분이 들기 때문이다. 같은 영화를 계절에 따라 달리 보면 하나하나의 의미가 다르게 온다. 거기에 제철 과일을 곁들이면 그 맛 때문인지 완전히 다른 영화라는 느낌이 들곤 한다. 그렇게 제철 과일처럼 알맞은 시절이 있다. 무수히 많은 삶의 순간들 속에, 지금이라서야 할 수 있는 일들. 과일도, 계절도, 사랑도 지금이라서 가능한 것들이 있다.

계절을 거꾸로 돌려보내는 마음으로 여름을 보낸다. 모든 것의 끝과 시작은 언제나 있고, 계절은 여전히 봄에서 겨울로 간다. 가을로 가는 지금의 계절 속에서 봄이 다시 올 수는 없는 일. 시작과 끝이 아니라 시작과 동시에 시작만이, 끝이 사라질 수는 없는 일이니까. 이렇듯 불가항력적인 세상 속에서 가을 없는 가을이 오고, 그렇게 다시 계절은 돈다.

적막이 주는 위로

적막이 주는 위로는 다만 시끄러운 내 머릿속을 정적으로 깨트린다. 비가 내리는 새벽녘이면 그 무게를 따라 천천히 거리를 걷는다. 움푹 파인 웅덩이에는 젖은 나무와 풀들 사이의 쓸쓸함이 비친다. 안전한 경계의 동그란 지점을 자유롭게 넘나들며 가을을 애태운다. 바람은 조금 선선하지만 답답한 마음은 가시질 않는다. 조금은 덜어내기를 바라는 마음으로 우산을 든다.

우리의 몫

자연은 인간과는 다르게 늘 의도가 없다. 다만 순리대로 무심하고, 우리의 행동에 따라 그들의 생식이 달라진다. 지금도 우리에 의해 천천히 파괴되고 있지만 자연은 스스로 회복할 수 있는 엄청난 힘을 가졌다. 그들의 속도는 그 시간만큼 웅숭깊게 느껴진다. 자연은 누구의 것도 아니지만 그저 인간이 자연에 기대하는 것뿐이다. 무엇이든 인공이 아닌 자연의 품 안에서 그것을 해치지 않고 그 아름다움과 이치를 절대적으로 존중하고 배우는 것이 미묘한 균형을 지키며 살아갈 수 있는 방법이라고 생각한다. 서로 연결되어 있다는 사실을 인지하고, 돌이킬 수 없는 일들 앞에서 이제는 그들이 회복할 수 있도록 시간을 주어야 한다. 엄격해야 하는 것은 오직 우리들. 이 세상이 작동하는 데 시간이 필요하지는 않지만, 우리에게 주어진 시간 안에서 그들에게 여유를 주어야 하지 않을까. 다시 자연과 함께 호흡하는 방법부터 배워 나가야겠다. 이 지구에 있는 나는 여전히 나의 몫을 해 내야 하니까.

자신의 평화

자연은 스스로 생명을 앗아 가고 그다음을 허락한다. 그 순리가 내게 심각하게 살지 않아도 된다고 말해 주는 것 같다. 사사건건 애쓰지 않아도 된다고. 시간이 지나면 모두 피고 지니까. 일일이 애쓰지는 않지만, 살아가는 동안 줄 수 있는 마음을 다 주는 사람이 되는 꿈을 꾼다. 자신이 원하는 사람이 되고 싶다면 항상 그 바탕을 생각하면 된다. 그렇지 못한 나의 어떤 모습. 요즘은 그런 사람에 이끌린다. 자신이 어떤 부분에서 불쾌한지를 알고, 벗어나고 싶은 구석이 뭔지를 정확히 아는 사람. 한 치의 망설임 없이 자신과 힘껏 겨뤄본 사람. 그래서 자신이 원하는 바탕으로 잔뜩 칠해진, 노력으로 온 세월이 묻어 나 있는 사람. 자신의 평화를 아는 사람. 여전히 애쓰지 않고 있지만, 부단히 온 마음과 힘을 다하는 숭고한 사람.

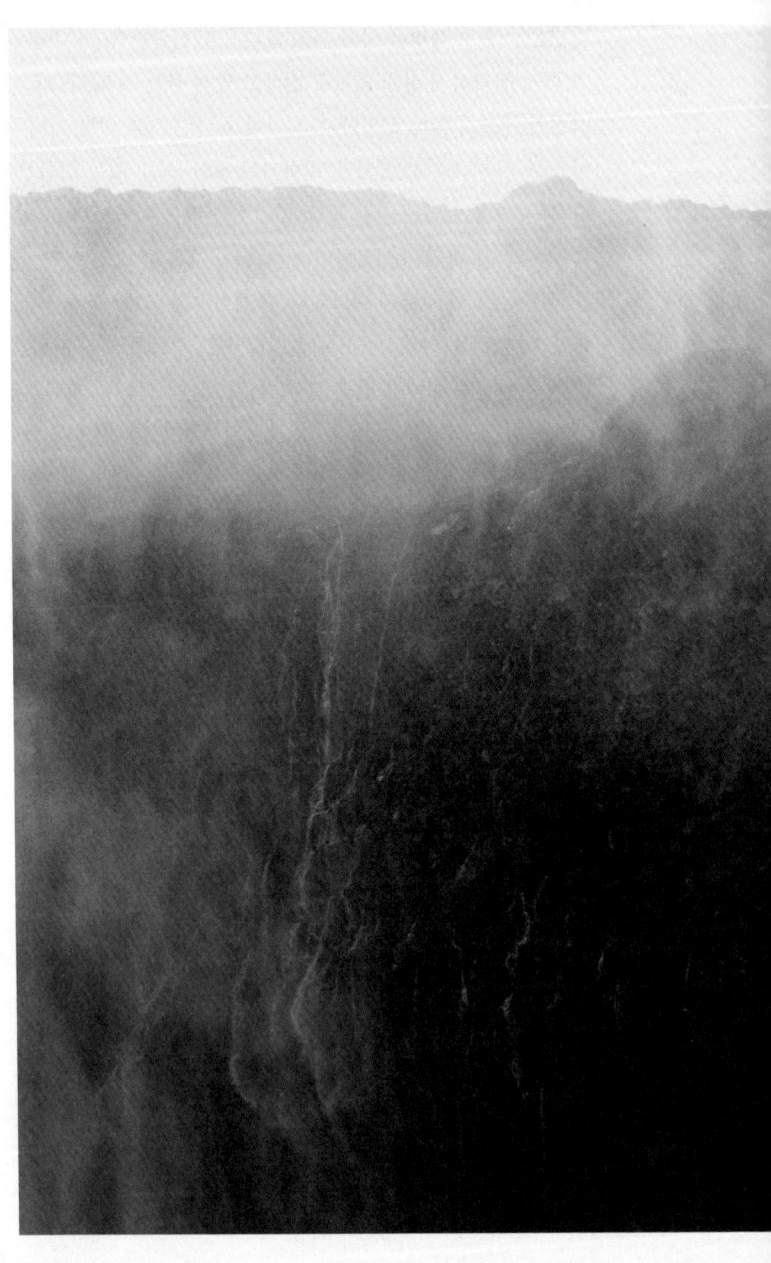

놓아 버린, 놓쳐 버린

기다렸던 피아노 클래식 콘서트에 다녀오는 길, 뇌리에 박힌 장면 하나를 곱씹어 본다. 처음 피아노 앞에 선 그의 가느다란 손가락 마디마디를. 시작과 동시에 모두가 함께 마지막을 향해 가고 있다는 느낌이 들었다. 내내 심장이 터질 것 같이 감미로운 선율 앞에서 슬쩍 미소 지었다가, 눈물을 머금었다가, 이내 쓸쓸해졌다. 이러한 감각을 몇번이나 재생시키며 여러 번의 어떤 굴곡을 지났다. 동시에 순간의 감각들이 내 기억에 오래 남아 당분간을 살아가게 할 것이라는 걸 알았다. 나의 생은 그의 처연한 손가락과 함께 피아노 앞에 나란히 놓여 있었고, 그가 연주하는 내내 나는 내 인생에서 놓아 버린, 어쩌면 놓쳐 버린 사람들을 순서 없이 떠올렸다. 이상하게도 음악은 지금은 없는 사람들에 관한 기억을 떠올리게 했고, 그것은 삶과 죽음의 경계를 무화시키는 힘이 있었다.

집으로 돌아오는 길에 마음이 구슬퍼질 정도로 가엾이 떨어지는 나뭇잎을 보았다. 거리에는 온통 충만하던 나뭇잎들이 계절의 변화 앞에서 무력하게 나가떨어져 이리저리 널브러져 있었다. 지는 것들, 지나간 것들. 그렇게 져 버린 것들은 쓸쓸한 가로등 앞에 난연히 빛나고 있었다. 한 사람의 인생처럼 봄에 시작하여 여름에 피어났다가 가을에 져 버린 생애. 낙엽은 바람이 불고 계절이 지나면 모두 사라져 버릴 가벼움일지 몰라도, 혼자 지는 무게는 아니었다. 바람에 휩쓸려 가지 않으려 안간힘을 쓰는 나무의 일부이기도 하니까. 우리는 결국 혼자이고 지금도 혼자가 되어 가지만 우리가 되어 가자는 안간힘이 필요하다.

작지만 힘이 있는 것들

작지만 힘이 있는 것들을 안다. 세월을 담고 있는 두꺼운 얼굴. 살아온 자취를 떠오르게 하는 곡선의 눈빛. 대게 한 사람의 첫인상은 푸른 바다의 포말처럼 어딘가 억센, 동시에 어딘가 가지런한, 어딘가 조금 속이 빈, 그러나 어딘가 꼼꼼한 모습으로 다가온다. 삶의 한가운데서 고된 숨을 몰아쉬며 자신의 길을 알고 똑바로 걷는 모습. 눈빛만으로도 왠지 그런 것들은 그냥 알 수 있다. 거품처럼 흩날리며 삶에서 삶으로 뻗어 가는, 자신만의 고유한 감정과 마음을 사랑으로 고통스럽게 흡수하고 있는 이야기를. 너무 많은 것들을 사랑해서 누군가의 괴로움에 진심으로 공감하는 누군가. 바다가 또 다른 거품을 만들어 내듯, 파도처럼 끊임없이 자신이 아닌 것들로부터 기인한 누군가의 고통 속에, 그 자리에 함께하며 꼿꼿한 모습으로 어렴풋이 있다. 거칠지만 부드럽고 아득하지만 투명한 모습으로.

천천히 멀어지기

이미지와 텍스트가 넘쳐 나는 세상에서 가끔은 멀리 도망치고 싶다. 눈과 뇌를 뾰족한 가시로 찔러대는 것만 같다. 파는 방법이나 사는 이유 같은 것들. 홍수처럼 넘쳐 나는 정보 속에서 나에게 필요하고 맞는 것들을 걸러서 즐길 수 있는 힘을 기르고 있다. 과하다고 느껴지는 것들에서 조금씩 멀어져 보는 것. 세상과 소통하는 방식은 그 자체만으로도 귀한 것이지만 나누는 방법이 뛰어난 것이기 때문이 아니라 유일해서이다. 지나치거나 화려해서가 아니라 무이하기 때문이다. 이 세상 누구와도 같지 않은, 모두가 다른 이야기를 가졌기 때문이다. 나는 나만의 속도로 세상을 낮고 깊게, 천천히 오래 들여다보며 살아가고 싶다.

영원히 이해할 수 없다는 것

눈이 시리도록 푸른 하늘과 평화롭고 넉넉한 바다. 세상이 온통 푸른 빛이다. 묵묵한 이 계절이 주는 느낌은 언제나 고요하다. 구름은 흘러도 흔적이 없고, 모래는 정돈된 바다 앞으로 푹신하게 쌓인다. 이토록 나란히 푸름을 안고 끝없이 이어지는 자연의 질서가 마음에 든다. 그사이 나는 푸르스름해진 얼굴로 바람에 흔들리는 상처를 지운다. 이런 순간을 나누고 싶은 마음, 이 마음들이 오래도록 남아 언젠가 푸르고 밝을 수 있도록 도와줄 것이다.

푸름을 마주할 때 더 깊이 생각하고, 온전히 나만의 기억을 꺼내어 보고, 새로운 감각을 느끼게 된다. 존재 자체로 늘어지던 내 영혼을 깨우는 듯한 힘을 느낀다. 느끼는 깊이가 아닌 사유의 깊이. 푸름은 나 자신을 이해하는 데 도움이 된다. 완전히 이해할 수는 없지만 그 너머의 진리에 명백한 감성적 동요가 일어나는 것, 자연의 앞에서 어떤 순간은 이해할 수 없는 영역 너머의 것, 혹은 그 이면의 것을 발견하곤 한다. 이해할 수 없는 무해한 아름다움 앞에 잠잠히 사유하는 삶이 늘 아름답게 느껴진다. 우리가 무언가를 영원히 이해할 수 없다는 것, 여기에 삶의 아름다움이 있는 게 아닐까. 물론 영원이라는 개념도 우리의 관점에서만 존재한다는 걸 깨닫게 되지만 말이다.

푸른 빛깔

유난히도 길었던 이번 여름, 그 끝자락을 간신히 붙잡고 서 있다. 새벽부터 차분히 내렸던 비가 아침을 맞아 조용히 가을을 데리고 왔다. 선선한 바람은 오늘부터 다시 태어나 사람들의 마음에 서서히 불어온다. 이제는 조금 다정해진 거리가 무척이나 반갑게 느껴진다. 왜곡되지 않은 색으로 가득한 이 계절은 모든 것이 뚜렷하다. 어떤 소음도 없이 자연의 소리만으로도 주위가 가득 찬다.

자연의 푸른 부분을 찾아다닌다. 움푹 팬 것 같은 밤하늘이라든지, 무성하게 모여 있는 녹색빛 숲의 어둑함 같은 것. 고향에서 살 때는 마당에서 한참을 놀다가 끝없이 깜깜한 밤하늘을 하염없이 바라보곤 했다. 조용하고 잠잠한, 고요하고 푸근한. 닿을 수 없이 아득하고 보호하고 싶은 영원한 빛깔. 내가 기대었던 하늘은 풀의 빛깔처럼 연하지만 강하고 흐리지만 푸르다. 가끔은 이런 세상에 더 오래 머물고 싶어진다. 여전히 낮과 밤의 하늘은 색을 달리하며 나를 찾아와 원래의 색처럼 자연스레 물들게 한다. 그대로 존재하는 게 지금의 푸름 같은 것이었으면, 내가 낼 수 있는 용기가 지금의 푸름이었으면.

에필로그

살아 내는 동안 내 세상은 온통 물거품이 이는 바다 같았고, 구름이 낀 하늘 같았다. 그럴 때마다 푸른 용기를 주는 바다와 숨통이 트이는 하늘을 올려다보았다. 세상은 다시 한 줄기 빛 같았고, 우주의 숨결 같았다. 삶도 이처럼 유연하게 흐르면 얼마나 좋을까. 유연하다는 건 견디는 것이 아니라 용기를 내는 것이니까.

누구에게나 들키고 싶지 않은 어둡고 깊은 근심이 있다. 그것에 오래도록 다치지 않으려면 무수한 푸름 속에서 얼마나 더 깊어져야 하는건지. 푸른 그늘에 숨어 가만히 얼굴을 묻고 있다 보면, 지금의 걱정들도 폭풍처럼 언젠가는 색을 잃거나 빛이 바랠 것만 같다. 때때로 나는 간절해질수록 더 멀어지기에 자신을 푸름에 완전히 물들도록 그대로 둔다. 조용히 떠난 먼 산책에서 한동안 길을 헤맨다고 하더라도, 더는 스스로 간섭하지 않아야 자랄 수 있는 용기도 있으니까. 힘에 받치는 순간마다 회피하지 않고 헤쳐 나갈 수 있는 밝은 용기를 갖기 위해 떠난다. 다가갈 수 있는 용기, 언제든 같은 속도로 당신에게 닿을 수 있는 힘 같은 것들을. 그리고 이 글이 닿은 사람들에게 이렇게 말해 주고 싶다. 수없이 많은 내가 얼마나 많은 용기를 내어 당신을 찾아냈는데. 그저 자신을 포근하게 감싸 안고 더는 상처 내지 않는 모습으로 기억하며 그 기억으로 여전히 살아 내면 된다고.

나는 지금도 용기를 낼 때마다 두 눈을 질끈 감고서, 바다의 푸름에 나의 비겁함을 조금 숨겨두고 바람의 무게에는 연약함을 날려 보내는 상상을 한다. 세상으로부터 나를 구해 내는 용기를. 이제 나는 눈을 감지 않고도 용기를 내는 사람이 되어 있었다.

06	17	21
24	28 / 29	33
36 / 37	38 / 39	43
48	54	59
60	64 / 65	68 / 69
74	78	83
86 / 87	93	96 / 97

푸른 용기
김로로

초판 1쇄 발행 2024년 11월 11일
초판 2쇄 발행 2025년 7월 11일

출판등록 2023년 2월 10일 제2023-000017호
ISBN 979-11-982328-5-4 (03660)

Published by small museum
© kimloro 2025

Email smallmuseum.kr@gmail.com
Web lorokim.com
Instagram @loro__s

본 도서의 내용의 전부 또는 일부를 재사용 하려면 펴낸 곳의 동의를 받아야 합니다.
잘못 인쇄된 도서는 구입처에서 교환해 드립니다.